Aprende
a hacer lo correcto

Título original: *Knowing and doing what's right. The positive values assets*, de Pamela Espeland y Elizabeth Verdick
Publicado en inglés, en 2006, por Free Spirit Publishing, Inc.

Traducción de Núria Martí

Cubierta de Idee

© 2009 de todas las ediciones en lengua española:
Ediciones Oniro, S.A.
Avda. Diagonal 662-664, planta baja
08034 Barcelona – España
www.edicionesoniro.com

ISBN: 978-84-9754-370-5
Depósito legal: M-54290-2008

Impreso en Artes Gráficas Huertas, S.A.
Camino viejo de Getafe, 60 – 28946 Fuenlabrada (Madrid)

Impreso en España – *Printed in Spain*

Aprende a hacer lo correcto

Pamela Espeland
y Elizabeth Verdick

Sumario

Introducción

Si conocieras formas de hacer que tu vida fuera mejor, ahora y en el futuro, ¿las probarías?

Suponemos que sí y por eso hemos escrito este libro.

¿Qué son los valores?

Al hablar de **valores** nos estamos refiriendo a las cosas buenas que necesitas tanto tú como tu vida.

No nos estamos refiriendo a las casas, los coches, las pertenencias y las joyas, unos objetos cuyo valor se mide con dinero, sino a unas cualidades relacionadas con el desarrollo interior que te ayudan a sacar lo mejor de ti y a convertirte en una persona excelente. Por ejemplo, una familia afectuosa; un vecindario en el que te sientes seguro; unos adultos que se preocupan por ti y te respetan; y (¡lo sentimos!) hacer los deberes.

En total los valores se pueden dividir en 40 categorías relacionadas con el desarrollo interior. Este libro te presenta seis de ellas. Podemos llamarlas **virtudes**, porque son las creencias que guían tus decisiones y tu conducta en la vida. Algunas personas quizá las llamen *valores éticos* y otras, *la voz de la conciencia*. Si posees estas virtudes, no harás aquello que no debes hacer, por más ganas que tengas. Y te dan la fuerza interior para hacer lo correcto, aunque sea arriesgado o duro. Tus valores muestran al mundo la clase de persona que eres. Cuando tienes valores, te preocupas por los demás y te respetas a ti mismo.

VIRTUDES Y VALORES	
VIRTUD	**CÓMO APLICARLA**
Bondad	Tus padres te dicen que es importante ayudar a los demás.
Igualdad y justicia social	Tus padres te dicen que es importante luchar para que todo el mundo tenga los mismos derechos.
Integridad	Tus padres te dicen que es importante defender aquello en lo que crees.
Sinceridad	Tus padres te dicen que es importante decir la verdad.
Responsabilidad	Tus padres te dicen que es importante ser responsable de tu propia conducta.
Vida sana	Tus padres te dicen que es importante llevar un estilo de vida saludable y comprender lo que es una sexualidad sana.

Quizá te parezcan muchas, pero no te preocupes. No tienes que añadirlas a tu vida de golpe. Ni hacerlo en un determinado orden. Pero cuanto antes las incluyas en tu vida, mejor.*

* Encontrarás muchas otras virtudes y valores que también puedes incorporar progresivamente en la lista de las páginas 99-102.

Por qué necesitas valores

Una organización llamada Search Institute (Instituto de la Búsqueda) entrevistó a cientos de miles de niños y adolescentes en Estados Unidos. Los investigadores de esta organización descubrieron que algunos niños crecían siendo más felices que otros. Algunos de los niños entrevistados tenían una conducta perjudicial o peligrosa, y otros no.

¿Qué es lo que creaba esta diferencia? ¡Los valores relacionados con el desarrollo interior! A los niños que los tienen suele irles mejor la vida. Y a los que no los tienen, no les va tan bien.

Quizás estés pensando: «¿Y por qué tengo yo que incluirlos en mi vida? ¡Si no soy más que un niño!». Porque los niños tienen el poder de tomar decisiones en su vida. Puedes elegir quedarte con los brazos cruzados y esperar a que los demás te ayuden, o hacerlo tú mismo. También puedes trabajar con otras personas que se preocupan por ti y quieren ayudarte.

Muchas de las ideas de este libro implican trabajar con otras personas, como tus padres, abuelos, tías, tíos y otros adultos de la familia. Y con tus maestros, vecinos, entrenadores y monitores. Todos pueden ayudarte a incluir en tu vida unos valores que resultarán positivos para ti.

Lo más probable es que muchos de los adultos que hay en tu vida ya te estén ayudando. De hecho, seguramente uno de ellos te ha dejado este libro para que lo leas.

Cómo usar este libro

Empieza eligiendo **una** virtud para incluirla en tu vida. Lee los relatos que hay al inicio y al final del capítulo. Las historias son ejemplos de los valores en la vida cotidiana. Y luego escoge **una** idea e intenta ponerla en práctica. Observa cómo te va. Después, prueba otra idea o pasa a otra virtud.

No te preocupes por hacerlo o entenderlo a la perfección. Recuerda que sólo estás probando una idea, haciendo algo que te va a beneficiar mucho.

Cuantas más virtudes intentes desarrollar, mayor confianza sentirás en ti y en tu futuro. Pronto dejarás de ser un niño para convertirte en un adolescente. Con las virtudes que adquieras tendrás más seguridad en ti mismo. Tomarás mejores decisiones. Te encaminarás hacia el éxito.

Mientras incluyes estas valiosas virtudes en tu vida, te deseamos todo lo mejor.

Pamela Espeland y Elizabeth Verdick
Minneapolis, (Estados Unidos)

UNAS POCAS PALABRAS SOBRE LAS FAMILIAS

Los niños de hoy día viven en muy distintas clases de familias.

Quizá vives sólo con tu madre o con tu padre, o con los dos. O con otros parientes adultos, como tus tíos, abuelos, hermanos o primos.

A lo mejor vives con un padrastro o una madrastra, con una familia de acogida o con una persona que se ocupa de ti. Tal vez vives con uno de tus padres y con su pareja.

Al decir **padres** nos referimos a cualquier adulto que se ocupe de ti en tu casa. Y al decir **familiares adultos** y **adultos de tu casa** nos estamos refiriendo a tu familia, sea de la clase que sea.

La bondad

Cómo aplicarla: Tus padres te dicen que es importante ayudar a los demás.

Relato de Hanna y Tim

—Cuéntame qué te ha parecido la residencia de ancianos que has ido a ver, Tim —le dice su madre mientras le hace dos trenzas a Hanna, su hermana.

—¡Hanna, tú también tenías que haber venido! —le dice Tim a su hermana tirándole de una trenza juguetonamente—. Como te gusta tanto jugar al bingo, te lo habrías pasado en grande en la residencia, porque el señor Gerard me dejó girar las bolas.

—¡No hay derecho! —exlama Hanna volviéndose hacia su hermano mayor.

—Si hubieras venido podrías haberlo hecho. ¡Te he invitado más de cien veces!

Hanna se da la vuelta enfurruñada echándose las trenzas a la espalda.

—¡Eh, pero si te pareces a Pipi Calzaslargas! —le grita Tim riendo.

—¡Ja, ja! Eres un baboso —le responde Hanna.

—Y tú una niña pequeña, porque te da miedo la gente mayor.

—¡No es verdad! —le grita Hanna a su hermano, pero sabe que no se puede engañar a sí misma. La gente mayor de las residencias la asusta.

—¡Ya vale, parad los dos de una vez! —les advierte su madre—. Tim, ¿puedes ir a ponerle la comida al gato, por favor? Hace un buen rato que espera junto a su plato.

Cuando Tim ya se ha ido, su madre le dice a Hanna:

—Creo que comprendo tu miedo, Hanna. No estás acostumbrada a ver a gente mayor. Tu hermano, aunque te tome el pelo, en el fondo quiere que tú también colabores como voluntaria en una residencia. Se preocupa por las personas mayores y quiere presentártelas.

Hanna lanza un suspiro.

—¡Pero mamá, me dan lástima! Algunas de ellas están enfermas. Otras están solas y no va nunca a verlas nadie de su familia. ¡Tim me lo ha contado!

Su madre la rodea con el brazo y la estrecha contra su cuerpo para tranquilizarla.

—¿No te parece una razón de más para ir de vez en cuando a la residencia con Tim?

—Es verdad. Me lo pensaré. Te lo prometo.

> Tim ha incluido *la bondad* en su vida
> y quiere que su hermana también lo haga.

Piensa en tu propia vida. ¿Crees que es importante ayudar a los demás? Aparte de tu familia y de tus amigos, ¿te preocupas por otras personas? ¿Te ha hablado algún adulto de tu familia de cómo puedes demostrar a los demás que te interesas por ellos?

¡Hechos!

Los niños que tienen la virtud de *la bondad*:

✔ suelen ayudar más a los demás cuando es necesario

✔ rinden más en el colegio

✔ son menos agresivos (avasalladores y violentos)

Si respondes con un **SÍ,** sigue leyendo para aprender a fortalecer aún más esta cualidad en ti.

Si respondes con un **NO,** sigue leyendo para aprender cómo incluir esta cualidad en tu vida.

También puedes usar estas ideas para ayudar a los demás a incluirla en su vida, como tus amigos, los miembros de tu familia, los vecinos y los compañeros del colegio.

Cómo incluir esta virtud en tu vida

 EN CASA

Piensa en lo que tus padres te han enseñado. ¿Te ha dicho tu madre o tu padre que es importante preocuparte por los demás y no sólo por ti? ¿Te lo han dicho también otros adultos de tu familia? O quizá te demuestran con su ejemplo cómo ser bueno y afectuoso. ¿Qué es lo que hacen? ¿Cómo ayudan a otras personas? Da hoy las gracias a un adulto de tu familia por enseñarte a preocuparte por los demás. (Es una gran forma de mostrarle que te preocupas por ellos.)

Ponte en la piel de alguien. ¿Has oído la expresión «ponerse en la piel de alguien»? ¡No significa cambiar de piel como una serpiente! Es imaginar cómo se siente otra persona, qué es lo que piensa, cuáles son sus sentimientos y cómo vive la vida cotidiana. ¿En la «piel» de quién te pondrás hoy durante un ratito? ¿En la de tu madrastra? ¿En la de tu hermano pequeño? ¿En la de tu abuelo? ¿Cómo ve la

CONSEJO: Al ponerte en la piel de otra persona desarrollas empatía: la capacidad de comprender lo que los demás sienten. Cuanta más empatía tengas, más comprenderás que en el fondo todos nos parecemos mucho y más fácil te resultará preocuparte por los demás.

vida esta persona? ¿Qué es lo que le hace sentirse feliz, triste, sola o entusiasmada? Utiliza la imaginación para ver a tu familia con una actitud más afectuosa.

Demuestra que te preocupas por los demás todos los días. Hacer una buena acción por alguien es un acto con el que todos salimos ganando, porque haces que aquella persona se sienta bien y tú también te sientes bien por dentro. ¿Cómo puedes ser más servicial con los miembros de tu familia? ¿Haciendo una tarea sin que te lo pidan? ¿O invitando a tu hermana a jugar con vosotros cuando estás con un amigo? ¿Escribiendo cartas o *e-mails* a parientes a los que les gustaría tener noticias tuyas más a menudo? ¿Y qué te parece hacer elogios a los demás, como: «¡Papá,

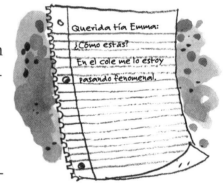

esta camiseta te sienta muy bien!» o «¡Tía Jill, nadie hace unas ensaladas tan buenas como tú!»? Son unas simples formas de mostrar a estas personas que te importan, cada día del año. ¡Y antes de darte cuenta habrás adquirido el hábito de preocuparte por los demás!

Ve más lejos aún. Preocuparte por los demás consiste en ayudar no sólo a tu familia, sino también a los vecinos, a los compañeros de clase, a las personas de tu comunidad (tanto si las conoces como si no) e incluso a las que viven en países lejanos. ¿Cómo muestra tu familia que se preocupa por los demás? ¿Colaboráis como voluntarios juntos? ¿Dais dinero, comida, ropa o alguna otra cosa a la gente que lo necesita? ¿Participáis alguna vez en recoger fondos con fines benéficos, como organizando una fiesta o una rifa? ¿Le echas una mano a alguien cuando lo necesita? Si tu familia ya practica esta cualidad, ¡genial! ¡Haz lo mismo que ella! Pero si crees que podría preocuparse más por los demás, sugiéreselo diciendo, por ejemplo: «Abuela, vayamos a hacer un donativo al refugio de animales». O podrías proponer hacer una reunión familiar para hablar de la cualidad de la bondad juntos y pensar en cómo podéis ayudar a los demás.

Supera aquellos obstáculos que te detienen. Quizá has estado pensando en ofrecerte como voluntario para ayudar a los demás, pero aún no lo has hecho porque la idea te pone nervioso o te asusta un poco. Es normal que a algunos niños les preocupe el no saber si les gustará hablar con gente mayor, servir comida en un centro de acogida para personas sin hogar o jugar con niños pequeños con unas necesidades especiales. A lo mejor te preguntas si estas experiencias te entristecerán o si puede ocurrirte algo inesperado en ellas.

CONSEJO: Si otro miembro de la familia te acompaña para echarte una mano, probablemente te sentirás más seguro y menos nervioso.

Pero estos temores no tienen por qué impedirte ayudar a las personas que lo necesitan. ¡Puedes hacerlo!, y cuando lo hayas hecho seguramente te sentirás muy orgulloso de ti. Si tienes alguna duda, temor o preocupación, coméntalo con un adulto de tu familia.

EN EL COLEGIO

★ Preocuparte por los demás incluye ser servicial con ellos. Y ser servicial significa ofrecer tu ayuda en un proyecto o pasar un tiempo con alguien que lo necesite. En tu colegio probablemente haya una agrupación para ayudar a los demás a la que puedas unirte. Cuando formas parte de una, ves que preocuparte por la gente es una actividad muy bonita, porque te permite conocer a otros estudiantes que se enorgullecen de ayudar a los demás y que quieren poner su granito de arena para que el mundo sea un lugar más afectuoso y bondadoso. Da hoy un paso para saber más cosas sobre esta clase de agrupación en tu colegio.

★ ¿Y si en tu colegio no hay una agrupación para ayudar a los demás? En ese caso pregúntale a tu profesor qué le parecería si la clase creara o se involucrara en un proyecto para ayudar a los demás. ¿Necesitas que te demos algunas ideas? ¿Qué te parece si en tu clase hacéis postales para los ancianos de las residencias? ¿O si recogéis material escolar para dárselo a los niños que no pueden comprarlo? ¿O si recogéis maletas y bolsas de viaje para los niños que viven en un hogar de acogida?

LUGARES QUE PUEDES CONSULTAR PARA INSPIRARTE

Utiliza un ordenador del colegio para entrar en las páginas web de ONG y de organizaciones que se preocupen por los demás.

Ve a la biblioteca de tu barrio y busca este libro: *Cómo lograr una convivencia más feliz: consejos para renovar la comunicación con los amigos, la familia, los vecinos del barrio y el mundo entero* (Oniro, Barcelona, 1999). Contiene unas historias amenas y curiosas sobre las buenas acciones que distintas personas hacen para ayudar a los demás.

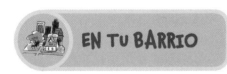

EN TU BARRIO

★ Los buenos vecinos saben demostrar de muchas formas que se preocupan unos de otros. Quizá se dejen herramientas entre ellos, compartan las galletas que han hecho en casa o se ofrezcan para cuidar la mascota de algún vecino cuando sea necesario. Pero esta clase de acciones no son exclusivas de los adultos. Los niños también pueden demostrar que se interesan por los demás. ¿Cómo? De una forma muy parecida. Puedes dejarle a algún niño del barrio algunos de tus libros, hacer una docena de galletas para compartir u ofrecerte a dar de comer al pez o al hámster de una familia de tu barrio que planee irse de vacaciones durante unos días.

★ Pregunta a un adulto de tu familia si sabe de alguien del barrio que necesite una ayuda especial. *Ejemplos:* ¿Hay alguna madre o padre que esté criando solo a su hijo pequeño? Quizá puedas ayudarle una hora o dos a la semana. ¿Una persona mayor que ya no puede conducir? Tal vez tu familia y tú podéis llevarla al supermercado una vez a la semana. ¿Un niño de tu edad que parece sentirse solo? Intenta hacerte amigo suyo. Piensa en otras formas de ayudar a los demás.

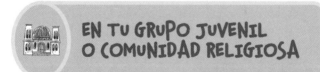

EN TU GRUPO JUVENIL O COMUNIDAD RELIGIOSA

★ Prácticamente todas las comunidades religiosas y todos los grupos juveniles se preocupan por los demás y ayudan a las personas necesitadas. Quizás, has oído el mensaje tantas veces durante los oficios religiosos o en las reuniones del grupo juvenil que ya ni lo escuchas. Si es así, haz un esfuerzo especial para sintonizar con él de nuevo. Piensa en cómo puedes ayudar a los demás o incluso en cómo los demás te han ayudado a ti. Escucha las historias de las personas que han actuado de forma altruista o han echado una mano a quienes la necesitaban. Recuerda estas lecciones y colabora tú también ayudando a los miembros de tu grupo juvenil o tu comunidad religiosa.

PROPÓN CREAR UN CLUB INFANTIL DE AYUDA

Un club infantil de ayuda es un grupo de jóvenes que trabajan juntos para ayudar a las personas de su comunidad y de todo el mundo. Los clubes se crean en los colegios, en las comunidades religiosas, en los centros de voluntarios y en organizaciones como las del escultismo. Para poder crear un club hay que tener al menos 18 años, por eso tendrás que pedir a un profesor, un monitor o a cualquier otro adulto que te eche una mano. Pregúntale qué puedes hacer para poner en marcha el proyecto.

CON TUS AMIGOS

★ ¿Saben tus amigos lo mucho que te importan? Tal vez sí... o a lo mejor sólo crees que es así. No hay nada malo en ser más claro acerca de ello. Abrázales o «choca esos cinco» con ellos más a menudo. Suéltales cumplidos como «¡Eres el mejor contando chistes!». Haz favores a tus amigos (y sé consciente cuando te los hacen a ti). Diles de vez en cuando: «¡Me alegro mucho de que seáis mis amigos!».

★ Colaborar como voluntario con tu mejor amigo es más divertido que hacerlo solo. Podéis empezar desde casa donando cosas a organizaciones sin ánimo de lucro. Revisa los cajones y los armarios de tu habitación y busca ropa, zapatos y juguetes que ya no te sirvan. Asegúrate de que estén limpios y en un estado aceptable y luego mételos en cajas y bolsas.

> **CONSEJO:** Muestra a tus padres lo que quieres donar y pídeles que te ayuden a llevar las cosas a un centro.

¡Suma y sigue!

Elige al menos UNA idea de las que has leído en el libro e intenta llevarla a cabo. Luego piensa sobre ella o escribe lo que te ha ocurrido al ponerla en práctica. ¿Probarás otra forma de ser una persona más bondadosa y de ayudar a los demás?

Sigue el relato de Hanna y Tim

Una semana más tarde Gordinflón se encuentra dentro del transportín en el asiento trasero del coche, entre Hanna y Tim.

—¡Qué idea más genial has tenido, Hanna! —exclama Tim—. A la gente de la residencia le va a encantar Gordinflón. Me alegro de que el señor Gerard nos lo deje traer.

Hanna sonríe, aunque esté un poco nerviosa.

Al llegar a la residencia de ancianos, su madre les dice:

—Volveré dentro de una hora para recogeros. ¡Pasáoslo bien! ¡Estoy orgullosa de ti! —le susurra a Hanna mientras se agacha para abrazarla.

El señor Gerard sale a recibirlos. Le da la mano a Hanna y echa una ojeadita al transportín que Tim sostiene.

—Éste debe de ser el famoso Gordinflón. Ya veo que el nombre que le habéis puesto es ideal para él —observa sonriendo.

Hanna, al entrar en la residencia y echar un vistazo llena de curiosidad, ve a los ancianos leyendo, haciendo manualidades, mirando la tele y charlando.

—¿Podemos ir a ver primero a la señora Brooks? —pregunta Tim.

—¡Claro! La última vez que he ido a comprobar qué hacía estaba en su habitación —le responde el señor Gerard.

De camino, el señor Gerald aprovecha para enseñarle a Hanna la residencia.

—Tenemos una cafetería estupenda. Seguramente te llegará el aroma de los desayunos porque los están preparando. Y al final del pasillo, aunque aún no puedas verlo, está el gimnasio.

—¿Las personas mayores hacen ejercicio? —pregunta Hanna sorprendida—. ¡Oh, lo siento, qué tonta soy! —añade enseguida avergonzada.

Tim pone los ojos en blanco.

—Mi hermana tiene unas ideas muy raras sobre la gente mayor —le dice Tim al señor Gerard.

—No tienes por qué darme ninguna explicación —le responde él amablemente—. ¡Ya hemos llegado! Vendré dentro de un ratito para ver cómo va todo —dice el señor Gerard.

Al levantar la vista la señora Brooks ve a Tim y le ofrece una amplia sonrisa.

—¡Si es mi jovencito preferido! Ya veo que hoy has venido acompañado —exclama la anciana.

—Es Hanna, mi hermana, y nuestro gato —contesta Tim dejando el transportín en el suelo y sacando de él a Gordinflón.

—Ven, siéntate a mi lado que quiero conocerte —le dice la señora Brooks a Hanna dando unas palmaditas en la silla que hay a su lado—. Y trae a tu cuco gatito para que pueda verlo, ¿quieres?

Hanna advierte que en la habitación hay varias fotos, algunas en color y otras en blanco y negro.

—¿Ves aquella foto de allí? —le dice la señora Brooks a Hanna mientras acaricia suavemente al gato—. Es Frank, mi hermano mayor. Era un pillo. ¡Siempre me estaba tomando el pelo!

—¡Entonces tenemos algo en común! —exclama Hanna.

—¿Ah sí? —le responde bajito la señora Brooks para que sólo Hanna pueda oírla—. En ese caso estoy segura de que tú también puedes tomarle el pelo a tu hermano. ¡Tengo un montón de ideas que te irán de perilla!

—Si vengo más tarde cuando Tim no esté, ¿me las contará?

—¡Claro que sí!

—¿Qué estáis susurrando entre vosotras? —les pregunta Tim.

—¡Nada! —le responden Hanna y la señora Brooks a coro. Ambas se echan a reír con complicidad. Hanna se da cuenta de que se alegra mucho de haber ido a la residencia.

La igualdad y la justicia social

Cómo aplicarla: Tus padres te dicen que es importante luchar para que todo el mundo tenga los mismos derechos.

Relato de KIA

Kia escucha mientras los otros niños van leyendo por turnos el libro de texto de la clase de lengua. Echa una mirada al siguiente párrafo.

«¡Oh, no!», piensa viendo que ahora es el turno de Isaac. «Le ha tocado un párrafo largo con varias palabras difíciles.»

—Isaac, es tu turno —le dice la profesora.

Isaac tartamudea al leer la primera frase. Vuelve a intentarlo. Pronuncia cada palabra muy despacio y Kia oye que sus compañeros sueltan unas risitas, como siempre. Isaac, después de lo que parece una eternidad, acaba de leer el párrafo.

—¡Gracias! —le dice la profesora—. Kia, ahora te toca a ti.

Kia intenta no leer el párrafo demasiado aprisa para que Isaac no quede peor aún ante sus compañeros.

Más tarde, cuando todos los estudiantes han salido de clase y están en el pasillo, junto a los armarios del cole donde guardan sus cosas, Kia oye a Ben y a su amigo reírse de Isaac.

—¡Es un subnormal! —dice uno de ellos.

Kia cierra de un portazo el armario y se gira hacia ellos. Si hay algo que no soporta es que la gente utilice esta palabra como insulto.

—¡No puedo creer lo que acabo de oír! —les dice—. La gente va al colegio a aprender, ¿lo sabíais? Y no es fácil hacerlo cuando los demás se están riendo de ti.

—Perdón, doña santita —exclama Ben con una sonrisita de suficiencia—. ¿Vas a enviarme al despacho del director? —Kia le echa una mirada fulminante y se va por el pasillo. Isaac la sigue.

—¡Espera, Kia! Quiero decirte algo.

Ella se detiene y se vuelve; Isaac parece enfadado.

—¡Puedo defenderme solo, Kia! —le suelta Isaac.

—¿Qué? —le pregunta ella sorprendida.

—No necesito que intentes protegerme como si fuera un niño pequeño.

—Pero yo sólo pensé...

—¡Deja que se rían de mí! ¡Ya sé que la lectura no se me da bien! ¡Y qué más da!

—Pero es que no deben tra-tar a la gente...

—Kia, puedo defenderme solo —le responde Isaac, y lue-go, dando media vuelta, se va.

Ella se lo queda mirando confundida.

Kia ha incluido los valores de *la igualdad* y *la justicia social* en su vida. Pero a veces le desconcierta la forma de actuar de los demás.

Piensa en tu propia vida. ¿Te han enseñado que todos tenemos los mismos derechos? ¿Te han dicho los adultos de tu familia que hay que respetar a los demás? ¿Sabes que todo el mundo tiene derecho a ser tratado justamente?

Si respondes con un **SÍ**, sigue leyendo para aprender cómo fortalecer aún más estos valores en ti.

¡Hechos!

Los niños con los valores de *la igualdad* y *la justicia social*:

✔ sacan mejores notas en el colegio

✔ tienen más empatía hacia los demás (la capacidad de entender cómo se siente otra persona)

✔ tienen una mayor autoestima

Si respondes con un **NO,** sigue leyendo para aprender cómo incluir estos valores en tu vida.

También puedes usar estas ideas para ayudar a los demás a incluirla en su vida, como los amigos, los miembros de tu familia, los vecinos y los compañeros del colegio.

Cómo incluir estos valores en tu vida

 EN CASA

Haz una lista de «Yo creo...». Seguramente ya habías oído la palabra *valores* (todas las virtudes que salen en este libro no dejan de ser valores). ¿Cuáles son tus valores, aquello que crees que es cierto en la vida y que vale la pena defender? ¿Cuáles son las ideas que guían tu conducta? ¿Cómo te tratas a ti y a los demás? Quizá valoras el recibir una buena educación, decir la verdad, ser bondadoso o todas estas cosas. ¡Son unos valores muy positivos! ¿Has escrito alguna vez tus valores? Ahora puedes hacerlo. Empieza escribiendo en la parte superior de una hoja de papel: «Yo creo...», y luego añade de 5 a 10 valores con los que desees vivir. *Ejemplos:* «Creo que los animales se merecen ser tratados con bondad. Creo que las familias son importantes. Creo que está mal burlarse de la gente». Cuando hayas escrito tus valores, te parecerán más reales y verás que vale la pena defenderlos cada día. Si quieres puedes decorar tu lista de valores. Cuélgala en la pared o en el tablero de anuncios para poder verla a menudo.

LA DECLARACIÓN UNIVERSAL DE LOS DERECHOS HUMANOS

¿Crees que todos los seres humanos han nacido libres e iguales en dignidad y derechos? ¿Que todo el mundo tiene el derecho a vivir donde desee y en un lugar seguro? ¿Que nadie debe ser arrestado sin una buena razón?

Todos éstos son artículos que se encuentran en la Declaración Universal de los Derechos Humanos que adoptó la Asamblea General de las Naciones Unidas el 10 de diciembre de 1948. Gracias a la Declaración, todas las personas de todas las partes del mundo saben cuáles son los derechos humanos. Busca una copia de la Declaración en la biblioteca del barrio o en Internet: la puedes leer en muchas páginas web e incluso descargártela.

50° aniversario de la Declaración Universal de los Derechos Humanos
www.un.org/spanish/hr/

Averigua cuáles son los valores de tu familia. Los adultos de tu familia seguramente tienen sus propios valores. ¿Los conoces? ¿Sí? ¿No? ¿O apenas? Muchas familias están tan ocupadas que se olvidan de hablar de sus valores y creencias. Pero no hay ninguna ley que diga que no puedas empezar esta clase de conversación. Puedes preguntar: «¿Qué valores son realmente importantes para nosotros?». Al hacerles esta pregunta los adultos de tu familia quizá se sientan inspirados y mantengan una conversación muy interesante contigo.

Aprende sobre la justicia social. ¿Qué significa *la justicia social*? Aquí tienes una definición: «Creer en un mundo justo y compasivo donde las diferencias se comprenden y valoran y donde la dignidad humana, la Tierra, los antepasados y las generaciones futuras se respetan». Aquí tienes otra definición: «La justicia social consiste en impedir la violación de los derechos humanos y garantizar que todo el mundo obedezca las leyes internacionales». Habla con tu familia y con otros adultos en los que confíes sobre la justicia social. Intenta crear tu propia definición. Escríbela.

Valora tus libertades. Probablemente haya un montón de libertades que no valoras lo suficiente. *Ejemplos:* tú esperas poder sacarte un día el carné de conducir, conseguir tu diploma al terminar el instituto, votar en tus primeras elecciones y convertirte en lo que deseas cuando seas adulto. Pero, ¿sabías que no todos los niños crecen libremente para poder hacer estas cosas? Quizá nunca has pensado en cuántas libertades tienes, sobre todo porque aún eres joven y tienes que seguir un montón de reglas que los adultos te ponen (como ir al colegio o acostarte a una determinada hora de la noche). Es verdad, debes seguir unas reglas, pero también tienes unos derechos y libertades magníficos. Piensa en ellos... habla sobre ellos... aprende cosas de ellos y de la gente que los hizo posibles. Puede que sientas un nuevo respeto por la suerte que tienes.

Observa lo que realmente sientes. ¿De verdad crees que todos nacemos con los mismos derechos? ¿O a veces piensas que algunas personas son peores (o mejores) que otras por su raza, el color de la piel, el lugar donde viven, las creencias religiosas o la cantidad de dinero que su familia tiene? ¿Has etiquetado alguna vez a alguien (en voz alta o en tu fuero interno) de «tontorrón» o de «santón», o con una palabra que tenga que ver con su raza o su religión? Seguramente no hay una sola persona en el mundo que no le haya puesto una etiqueta a otra al menos una vez en la vida, así que no eres el único si has contestado afirmativamente a una o más de estas preguntas. Dependiendo de lo que tu familia te haya enseñado, quizá creas firmemente, o no, que todo el mundo nace con los mismos derechos. Ahora que estás aprendiendo los valores de la igualdad y la justicia social, ¿cómo están cambiando tus opiniones?

Escríbelo en tu diario. ¿Te han insultado alguna vez por tu sexo (por ser niña o niño), raza, religión, aspecto, edad o por el lugar donde vives? Si es así, ¿cómo reaccionaste? ¿Te sentiste enojado? ¿Triste? ¿Impactado? ¿Confundido? ¿O hubo una mezcla de estos sentimientos? ¿Te preguntaste cómo alguien podía decir semejantes cosas de ti? ¿Le dijiste que no era justo o cierto, o sólo lo pensaste? ¿Creíste o rechazaste lo que aquella persona te dijo? Escribe en tu diario lo que ocurrió. Sé sincero sobre lo que sentiste en aquella ocasión (quizás ahora vuelvas a sentirlo al recordarlo). ¿Qué has aprendido sobre la igualdad, la justicia social y la sinceridad?

 **EN EL COLEGIO**

★ El acoso escolar es un problema que ocurre en cualquier colegio. ¿Y en el tuyo? ¿Hay algún estudiante que se meta con los niños más pequeños o con los más débiles? ¿Se burlan algunos niños del aspecto, la ropa o las habilidades de otros? Los bravucones raras veces creen en la igualdad y la justicia social. Les gusta dominar a los demás. No tienes por qué aguantar lo que un bravucón te suelte ni quedarte de brazos cruzados cuando están haciendo daño o acosando a otro niño. Defiende tus derechos y los de los demás diciendo a los profesores y al director lo que ocurre en los pasillos y en el recreo. Tienes todo el derecho a sentirte seguro en el colegio.

★ Prométete que no vas a burlarte de nadie en clase, durante el recreo o en el autobús. No te unas a los que lo hagan. Puedes decir: «Esto no me parece bien y no quiero participar en ello», y luego aléjate. Si en el pasado te has burlado de alguien, puedes hoy pedirle perdón. Quizá sea incómodo, pero si lo haces, después te sentirás mejor (al igual que la persona de la que te burlaste).

EN TU BARRIO

★ Si ves que se meten con un niño más pequeño que tú, se burlan de él o lo acosan, defiéndelo cuando sea seguro para ti hacerlo o ayúdale a que se sienta mejor en cuanto el bravucón se haya ido. Puedes decirle algo como: «¡No le hagas caso! ¡Eres un niño muy guay!».

★ Intenta conocer a niños de tu barrio que no sean como tú. Si eres un niño, haz amistades con niñas... y si eres una niña, hazte amiga de niños. También puedes tener amigos más jóvenes o mayores que tú, o que sean de una raza o de un origen étnico distinto al tuyo.

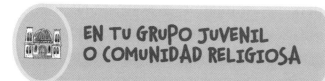

EN TU GRUPO JUVENIL O COMUNIDAD RELIGIOSA

★ Habla con tu monitor para unir vuestras fuerzas con otro grupo de jóvenes y trabajar por la igualdad y la justicia social. *Ejemplos:* podríais trabajar todos juntos recogiendo comida para los pobres u organizando una campaña para eliminar el acoso escolar. Así, mientras haces algo positivo por los demás, conocerás de paso a niños de distintas religiones y culturas.

HAZTE SOCIO DE AI

Quizás has oído hablar de Amnistía Internacional (AI), una organización que trabaja por los derechos humanos en todo el mundo. A través de AI los niños pueden hacer que el mundo sea un lugar mejor escribiendo cartas a los funcionarios públicos a favor de los presos de conciencia. Los presos de conciencia son personas pacíficas que han sido encarceladas por el gobierno de un país por razones políticas. Los niños también pueden escribir postales a los presos para animarles.

¿Quieres saber más cosas? Visita la página web de AI dirigida a los niños. Aprende cosas sobre AI y los derechos humanos, descárgate las instrucciones para escribir una carta de este tipo y prueba algunos de los juegos y las actividades para niños. Quizá sea un gran proyecto para la clase de educación cívica o para el grupo juvenil de tu comunidad religiosa.

AI para los niños
www.es.amnesty.org

CON TUS AMIGOS

★ La amistad no consiste sólo en salir con tus amigos y pasártelo bien (aunque estas cosas también sean importantes), porque ser un verdadero amigo también incluye defender a tus amigos y apoyarles en las situaciones sociales más difíciles. La próxima vez que alguien se meta con un amigo tuyo o se burle de él, no te quedes callado observándolo sin hacer nada. Di a los bravucones o a quienes se burlan de tu amigo que no te gusta lo que están haciendo y que tú y tu amigo no tenéis por qué aguantarlo.

¡Suma y sigue!

Elige al menos UNA idea de las que has leído en el libro e intenta llevarla a cabo. Luego piensa sobre ella o escribe lo que te ha ocurrido al ponerla en práctica. ¿Probarás otra idea para ver qué es lo que sabes y crees de la igualdad y la justicia social?

Sigue el relato de Kia

Durante la cena, Kia juguetea con la comida.

—¡Si la lasaña es tu plato favorito! ¿Es que no tienes apetito? —le pregunta su padre.

—No, quiero decir, sí. Es que hoy me ha ocurrido algo en el colegio.

—¿Qué ha sido? —le pregunta su madre.

Kia deja el tenedor sobre la mesa.

—Hay un chico que se llama Isaac. Ya lo has visto en el cole, mamá. Es pelirrojo y muy alto.

—Sí, ya sé quién es —le responde su madre.

—Pues los otros chicos se burlan de él porque no sabe leer demasiado bien y yo odio que lo hagan. ¡No es justo!

—Tienes razón, no es justo —dice su padre—. Pero por desgracia estas cosas pasan, hija, aunque ojalá no fuera así.

—Sí, ¡y los chicos del cole le llaman «tarado» o «bobo», y otras cosas por el estilo! —exclama Kia enojada—. Me saca de quicio. Ya lo sabéis, en parte es por lo de McKenna.

McKenna, su hermana pequeña, ya ha acabado de cenar y ahora está en la sala de estar jugando tranquilamente con sus muñecas y cantando una canción que se ha inventado.

Kia ve que sus padres se miran preocupados. Su madre lanza un suspiro.

—A mí tampoco me gusta que la gente se burle de los que tienen discapacidades. No es justo —observa su madre.

—Y a nosotros también nos preocupa McKenna, como a ti, Kia —le dice su padre—. Lo mejor que podemos hacer es defenderla y apoyarla.

—Lo sé. Es lo que siempre me dices. Pero hoy he intentado defender a Isaac y él se ha enfadado conmigo.

—¿A qué te refieres? —le pregunta su padre.

—Me ha dicho que podía defenderse sin mi ayuda.

—Mmm —dice su madre—. Supongo que tiene razón. Espero que un día McKenna también será capaz de hacerlo por sí misma si es necesario. Pero Kia, hoy has hecho lo que creías que era más adecuado.

—Es cierto —añade su padre—. Y nos sentimos muy orgullosos de ti, porque sabes que hay que respetar a los demás.

Ahora Kia se siente un poco mejor.

—La vida puede ser complicada, ¿verdad? —le susurra su madre.

La integridad

Cómo aplicarla: Tus padres te dicen que
es importante defender aquello en lo que crees.

Relato de Adam

—Adam, me muero de ganas de ir a tu fiesta. ¡Los videojuegos que habrá en ella molan un montón! —le dice Ricardo lanzándole la pelota de béisbol.

Adam la coge con el guante y se la devuelve.

—Sí, vamos a divertirnos mucho. ¿Te deja tu padre venir a mi fiesta?

—Sí, claro. ¿Cuántos chicos van a ir?

Adam le lanza la pelota.

—Cinco. Y Ellie.

Ricardo salta para atraparla.

—¿Ellie? —exclama decepcionado.

—Sí, Ellie —le responde Adam—. Venga, lánzame la pelota —añade levantando el guante de béisbol.

Ricardo sigue agarrando la pelota.

—¡Tío, pero si es una chica!

—¿Y qué? ¿Qué problema hay?

—Creía que sólo ibas a invitar a chicos —observa Ricardo contemplando la pelota, y después de hacer una pausa vuelve a lanzársela.

Adam la atrapa rápidamente y se la tira otra vez.

—Ellie es mi vecina. Y es una chica muy agradable. Somos amigos desde que íbamos al jardín de infancia.

Ricardo se pone a lanzar la pelota al aire una y otra vez.

—Nos lo pasaremos mejor sin ella. Las chicas odian los videojuegos. Y además son muy torpes con ellos.

—¡Uy, ya veo que no la has visto jugar! —le suelta Adam enojándose.

—Cuando yo di mi fiesta no invité a ninguna chica.

—Ricardo, ¿quieres lanzarme la pelota de una vez? ¡Es mi fiesta y no la tuya! Además, se lo prometí a Ellie.

—Lo único que te estoy diciendo es que es estúpido invitar a una chica.

—Ricardo, Ellie es amiga mía. Y pienso invitarla a mi fiesta.

> Adam sabe que la virtud de *la integridad* significa cumplir tus promesas y defender aquello en lo que crees.

Piensa en tu propia vida. ¿Te ha hablado un pariente u otro adulto de tu familia de vuestros valores y creencias? ¿Defiendes aquello en lo que crees? (¿Sabes en qué crees?) ¿Cumples con las promesas que haces a los demás y a ti mismo?

¡Hechos!

Los niños con la virtud de *la integridad*:

✔ se sienten más seguros de sí mismos

✔ tienen menos problemas de conducta

✔ son más optimistas

Si respondes con un **SÍ,** sigue leyendo para aprender a fortalecer aún más esta virtud en ti.

Si respondes con un **NO,** sigue leyendo para aprender cómo incluir esta virtud en tu vida.

También puedes usar estas ideas para ayudar a los demás a incluirla en su vida, como tus amigos, los miembros de tu familia, los vecinos y los compañeros del colegio.

EN CASA

Manténlas con firmeza. Las creencias son importantes, aunque quizá tú te limites a tenerlas. Pero también debes ser fiel a ellas cuando las pongan a prueba y defenderlas si es necesario. *Ejemplo:* a lo mejor crees que es importante ser leal a tus amigos. Pero, ¿y si tu lealtad es puesta a prueba? Por ejemplo, supón que una amiga está rara en el almuerzo. Derrama tu vaso de leche y no te pide perdón y luego te dice que detesta la ropa que llevas. ¿Qué haces, (A) te niegas a hablar con ella el resto del día o (B) le preguntas qué le pasa y le dices amablemente que está hiriendo tus sentimientos? Un amigo leal elegirá la opción (B). *Ejemplo extremo:* más tarde otro amigo que ha visto lo que ha pasado en el almuerzo te dice: «¡Qué maleducada es! ¡Es mejor que la ignoremos en el recreo!». En un caso como éste, defenderás aquello en lo que crees si apoyas a tus dos amigos. Pero, ¿cómo lo harás? Diciendo algo parecido a: «¡Tengo una idea mejor! Juguemos todos juntos. Va a ser mucho más divertido».

Encuentra modelos de integridad. Tener integridad significa que tus acciones concuerdan con tus creencias. Quizás has oído hablar de una heroína afroamericana de los derechos civiles llamada Rosa Parks. Se negó a ceder su asiento en un autobús a un hombre blanco, aunque eso fuera lo que se suponía que los afroamericanos de Alabama debían hacer en los años cincuenta. Su elección no fue fácil y sin duda no estuvo bien vista en aquella época. Pero ella demostró ser una persona íntegra (y valiente). No todos nos hubiéramos atrevido a hacerlo, sin embargo muchos de nosotros podemos dar aunque sólo sea unos pequeños pasos para demostrar nuestra integridad. ¿Y qué me dices de los adultos de tu familia? ¿Cómo demuestran que son íntegros? ¿Qué es lo que esta historia te ha enseñado? ¿Cómo seguirás los pasos de los modelos de conducta íntegra que hay en tu familia?

Imagínate de una forma positiva. ¿Te consideras una persona sincera, bondadosa, justa e íntegra? ¡Pues deberías hacerlo! Tú tienes muchas cualidades positivas que puedes seguir desarrollando cada día. Una forma divertida de expresar todas las cosas nuevas que estás aprendiendo sobre ti es hacer un retrato tuyo en el que aparezcan todas las valiosas cualidades que tienes. Pide a un miembro de tu familia que te saque una foto, o haz simplemente un dibujo de ti. Pega tu retrato en un cartón o una cartulina. Alrededor de la imagen, escribe palabras o frases que describan quién eres y aquello en lo que crees. *Ejemplos: Sinceridad, Cumplo mis promesas, Fuerza interior, Una meta, Valores, Soy íntegro, Haz lo correcto, Cree.* Incluso puedes

> **CONSEJO:** Si quieres puedes convertirlo en una actividad para toda la familia. En lugar de utilizar un retrato tuyo, usa una foto familiar. Y luego añadid juntos las palabras y los símbolos que tengan un significado especial para cada uno de vosotros.

pegar símbolos que tengan un significado para ti y crear con ellos un *collage*. ¿Qué te parece el signo de la paz, el mensaje especial de una galletita de la suerte, una pulsera de la amistad o una nota cariñosa que alguien te haya escrito?

 **EN EL COLEGIO**

★ ¿Te han hablado en el colegio de Rosa Parks, Martin Luther King, la Madre Teresa de Calcuta, Gandhi, Abraham Lincoln y otras personas conocidas por su integridad (y también por muchas otras cualidades? Pide a tu profesor o a la bibliotecaria de tu colegio que te ayude a encontrar más información sobre estos héroes en los libros o en Internet. Descubre qué fue lo que estas figuras famosas defendieron y las valientes acciones que llevaron a cabo para ser fieles a sus creencias. Comparte lo que has aprendido de ellos con otros compañeros de clase.

★ Mira a tu alrededor en tu colegio: ¿quién demuestra ser íntegro? ¿Hay niños en tu clase que se enorgullezcan de ser sinceros, de actuar justamente o de negarse a engañar a los demás? Si es así, ¿pueden ser estos estudiantes unos modelos de conducta para ti? ¿Y qué me dices de los adultos de tu colegio: los profesores, el director, el personal administrativo, los tutores y otras personas parecidas? ¿Cuáles de ellas parecen ser íntegras y por qué crees que lo son? Averigua si tu profesor estaría dispuesto a trabajar contigo y con otros alumnos para crear un tablón de anuncios con ejemplos de personas íntegras. En él podéis incluir a personas famosas y a las que aún no lo son (como las que ves cada día en el colegio).

EN TU BARRIO

★ Probablemente conozcas a algunos adultos que viven en el mismo edificio que tú o en el mismo barrio. La sabiduría se adquiere con los años, o al menos eso dicen. Habla con estos vecinos sobre lo que has aprendido de la integridad y descubre lo que pueden decirte sobre ella. Pregúntales sobre sus héroes y sobre quiénes son sus modelos de conducta. A veces hablar con alguien mucho mayor que tú es una experiencia reveladora.

* Advierte cuándo un niño más pequeño que tú demuestra ser íntegro. Aunque aún no sepa lo que significa la palabra *integridad*, a veces actúa de una forma sincera, justa y correcta. Cuando ocurra, señálaselo y elógiaselo.

EN TU GRUPO JUVENIL O COMUNIDAD RELIGIOSA

* Pide a tu monitor que las actividades del día giren en torno a *la integridad*. ¿Qué es lo que sabes sobre ser una persona íntegra? Comparte lo que has estado aprendiendo sobre el tema si te sientes cómodo haciéndolo. A continuación, habla sobre lo que ocurre cuando alguien no es íntegro. *Ejemplos:* ¿Cuáles son las consecuencias de mentir, engañar o no defender lo que uno cree? ¿A quién perjudica (además de ti) y por qué?

 **CON TUS AMIGOS**

★ Lee la actividad «Imagínate de una forma positiva» de la página 48. ¡Prueba a hacerla con un amigo! Puedes ayudarle a hacerse una imagen suya o podéis haceros una foto en la que salgáis los dos y apuntar todas vuestras cualidades.

★ Aunque no sea fácil, si un amigo hace algo que va en contra de sus valores (o de los tuyos), díselo. *Ejemplo:* si tu amigo escribe algo en un libro de la biblioteca o te pide que le dejes copiar en el examen de matemáticas, dile lo que piensas. Podrías decirle: «¡Eh, tú no sueles hacer estas cosas! ¿Qué te pasa?» o «Lo siento, pero no me parece bien».

¡Suma y sigue!

Elige al menos UNA idea
de las que has leído en el libro e
intenta llevarla a cabo. Luego
piensa sobre ella o escribe lo que te ha
ocurrido al ponerla en práctica. ¿Probarás
otra idea para desarrollar tu
integridad y ayudar a los demás
a defender aquello
en lo que creen?

Sigue el Relato de ADAM

Ricardo se quita el guante de béisbol y lo arroja al suelo.

—¿Estás loco o qué te pasa? —le pregunta Adam.

—Sí, ¡no me estás escuchando sobre lo que te digo de los videojuegos! Ni siquiera me gusta Ellie. Me llamó «cabezón».

—Me pregunto de dónde ha sacado esta idea —le responde Adam echándose a reír.

Carol, la madrastra de Adam, los llama para que entren en casa.

—¡Ricardo, tu abuelo ha venido a buscarte!

Los dos entran sin apenas mirarse. Ricardo ni siquiera le dice adiós.

—Vale, si eso es lo que quieres... —murmura Adam abriendo con violencia la nevera y agarrando una botella de agua.

—¿Qué te ocurre? —le pregunta su madrastra.

—Ricardo y yo nos hemos peleado por una tontería.

—¿Puedo preguntarte por qué ha sido?

—No le ha gustado que invitara a Ellie a mi fiesta de cumpleaños —responde Adam.

—No lo entiendo —dice Carol.

—Ni yo tampoco. Me ha dicho que si viene una chica la fiesta no será divertida.

—No es la primera vez que Ricardo se comporta como un testarudo, ¿sabes?

—Sí, lo sé —admite Adam—. Pero sigue siendo mi amigo.

—Es verdad. Y Ellie también es tu amiga —le responde Carol.

Adam abre la botella y bebe un buen trago de agua.

—¿Sabes? No voy a dejar que lo de Ricardo me afecte. Voy a divertirme en mi fiesta a pesar de lo que piense.

Carol sonríe.

—¡Adam, admiro tu integridad! —exclama ella.

—¿Qué quieres decir? —le pregunta él.

Carol le besa en la mejilla.

—¡Que pienso que eres un chico muy guay!

La sinceridad

Cómo aplicarla: Tus padres te dicen
que es importante decir la verdad.

Relato de Brianna

—¡Papi, ya he terminado de limpiar mi habitación! —grita Brianna—. ¿Puedo irme?

—¿Has hecho la cama?

—Sí.

—¿Has guardado la ropa en el armario?

—Sí.

—¿Has ordenado el escritorio?

—Sí, he hecho todas las tareas de mi lista del sábado. Mis amigas me están esperando...

—De acuerdo, puedes irte. ¡Que os divirtáis!

Brianna sale corriendo al aire libre bajo el sol y se dirige al parque. Sus amigas la están esperando en la pista de baloncesto.

—¿Habéis hecho ya los equipos? —les pregunta.

—¡No, te estábamos esperando! —le responde Nadia, su mejor amiga—. Hoy las dos vamos a ser capitanas del equipo.

Brianna se muere de ganas de empezar a jugar para probar algunas de sus tácticas. Pero al ver a su padre a lo lejos dirigiéndose hacia ellas, se le cae el alma a los pies.

—¿Brianna, qué pasa? Tu padre parece enfadado —le dice Nadia en voz baja.

—¡Oh, no! ¡Le he mentido diciéndole que había hecho todas las tareas del sábado! —responde Brianna pensando en el escritorio; esperaba que él no se diera cuenta de lo desordenado que estaba. Y en la ropa limpia que ha dejado sobre la cama en lugar de guardarla. Y en el armario... donde ha echado todo lo que había en el suelo de la habitación, incluyendo los platos del desayuno.

—Hola, chicas —les saluda su padre con una expresión seria—. Lo siento, pero Brianna no jugará con vosotras a baloncesto hoy ni el resto de la semana.

> **Brianna necesita practicar la virtud de *la sinceridad*.**

Piensa sobre tu propia vida. ¿Te han hablado tus padres u otro adulto de la familia de la importancia de decir la verdad? ¿Intentas ser sincero la mayor parte del tiempo (o casi siempre)? ¿Incluso cuando no es fácil? Cuando dices una mentira, ¿lo admites e intentas corregirlo?

¡HecHoS!

Los niños con la virtud de *la sinceridad*:

✔ tienen menos problemas en el colegio

✔ saben resolver mejor los conflictos

✔ tienen una mayor sensación de bienestar

Si respondes con un **SÍ,** sigue leyendo para aprender a fortalecer aún más esta virtud en ti.

Si respondes con un **NO,** sigue leyendo para aprender cómo incluir esta virtud en tu vida.

También puedes usar estas ideas para ayudar a los demás a incluirla en su vida, como tus amigos, los miembros de tu familia, los vecinos y los compañeros del colegio.

 EN CASA

Sé sincero con tu familia. Algunas mentiras son fáciles de decir y de hacer creer, como «Sí, mamá, me he cepillado los dientes durante dos minutos, ¿quieres oler mi aliento?». De hecho, es posible que digas una mentirijilla sin titubear porque no parece hacer ningún daño a nadie. ¿O hace daño a alguien? Piensa en ello durante unos minutos. La mentira quizás haga que tu madre no te dé la lata y que te libres de cepillarte los dientes tanto tiempo como quieras. Pero puedes acabar adquiriendo algunos malos hábitos (y no sólo los que afectan a tus dientes). *Ejemplos:* quizá mientas a tu madre sobre otras cosas que no has hecho. O puede que te pille diciendo una mentira y acabes mintiendo incluso más para que se crea la primera trola. ¿Conoces el dicho que reza «Con la verdad por delante se llega a todas partes»? ¡Pues es verdad!

Sé sincero contigo mismo. Muchos nos mentimos a nosotros mismos diciéndonos, por ejemplo: «Copiar los deberes de mi amigo no es hacer trampas porque él me ha dicho que podía hacerlo», o «No creo que a ella le importe que vaya a su habitación y eche una ojeada a sus cosas, y además no tiene por qué enterarse». ¿Eres poco sincero contigo mismo a veces o incluso casi siempre? ¿Qué es lo que eso dice de ti? Si lo deseas, puedes escribir sobre ello en tu diario privado. Nadie tiene por qué leer lo que has escrito, a no ser que quieras que lo hagan.

Comprométete a ser sincero. Organizad una reunión familiar para hablar de la sinceridad. ¿Qué normas tiene tu familia sobre decir la verdad? ¿Qué ocurre cuando algún miembro de la familia se las salta? ¿Las consecuencias son distintas para los adultos que para los niños? Averigua si todos admiten que en alguna ocasión han dicho una mentira y cómo se sintieron. ¿Qué es lo que cada persona haría de distinta manera si pudiera volver a vivir aquel momento? Hablad sobre las diferencias entre una gran mentira y una mentirijilla. ¿Es aceptable mentir alguna vez? ¿Por qué o por qué no? Escribid una promesa familiar para ser sinceros, incluso cuando no sea fácil.

5 ESTUPENDAS RAZONES PARA DECIR LA VERDAD

1. Demuestra que eres sincero y de fiar.

2. Demuestra que tienes unos valores en la vida.

3. Ayuda a las personas a saber lo que realmente ha ocurrido, para que no se culpe a nadie injustamente.

4. ¡Es más fácil! No necesitas esforzarte en inventarte una historia (porque es real). Y no tendrás que decir nuevas mentiras para que no se te vea el plumero por las que ya has dicho.

5. Te ayuda a sentirte más positivo y seguro, y también inspira a los demás a decir la verdad.

EN EL COLEGIO

★ Haz que todos los alumnos de la clase participen en crear un póster o un tablón de anuncios sobre la sinceridad. Podéis empezar con las «5 estupendas razones para decir la verdad» de esta página o escribirlas con vuestras propias palabras.

EN TU BARRIO

★ Sé sincero al participar en juegos y deportes. No digas «¡Te he tocado!» cuando no es verdad, o «¡Te has salido de los límites!» cuando no sea cierto. Ya sé que quieres ganar, ¿pero no prefieres ganar con todas las de la ley, sin mentir o hacer trampas? Si los otros niños manipulan las reglas del juego o intentan hacer trampas, ¡llámales la atención!

★ Si rompes sin querer un videojuego de tu amigo, admítelo. Si chocas con la bicicleta contra el parterre de tu vecino, confiésalo y pídele perdón. Si un dependiente se equivoca con el cambio, devuélvele el dinero que te dé de más. ¡Así estás desarrollando tus músculos de la sinceridad!

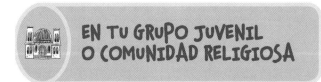

EN TU GRUPO JUVENIL O COMUNIDAD RELIGIOSA

★ Ayuda a enseñar a los miembros más jóvenes de tu grupo lo importante que es ser sincero. Busca alguna historia religiosa o libros ilustrados que traten de la sinceridad y léeselos en voz alta. O escribe una pequeña obra teatral con otros miembros del grupo y representadla para los preescolares. O si no, puedes hacer un tablón de anuncios como el que se describe en la página 61 para colgarlo en el local de tu grupo o comunidad.

CON TUS AMIGOS

* Haced el pacto de no mentiros unos a otros. Podéis hacerlo dándoos la mano o de una forma más formal escribiendo en un papel vuestra promesa: *Ejemplo:* «Prometemos ser sinceros con nosotros mismos y con los demás. Prometemos decir la verdad, incluso cuando sea difícil hacerlo». Y después firmad cada uno la promesa.

* Tómate el pacto o la promesa que has hecho en serio, pero ten en cuenta que hay maneras amables de decir la verdad (lo cual se conoce como «tener tacto»). Así que si tu amigo te pregunta: «¿Te gusta mi corte de pelo?», y tú crees que es horrible, no tienes por qué decirle: «¡Parece como si te hubieras sentado debajo de una trituradora de papel!». En vez de eso, muéstrale tu mejor sonrisa y dile: «¡Caramba, qué cambio de *look*!».

¡Suma y sigue!

Elige al menos UNA
idea de las que has leído en
el libro e intenta llevarla a cabo.
Luego piensa sobre ella o escribe
lo que te ha ocurrido al ponerla
en práctica. ¿Probarás otra forma
de aprender a ser más sincero
y a vivir con la virtud
de la sinceridad?

Sigue el Relato de Brianna

—¿Quieres darme una explicación? —le dice su padre mientras vuelven a casa.

—Mmm, ¿sobre qué?

—Sabes perfectamente a lo que me refiero: a tu habitación. Al ir a revisarla he visto que estaba tan desordenada como ayer.

—Bueno, papi, quizá yo no soy tan ordenada como tú. ¡No puedo evitarlo!

Su padre se detiene y se la queda mirando con una expresión de decepción. Brianna desearía no haberle dicho eso. Ahora se siente fatal.

—Sube arriba conmigo, quiero hablar contigo —le dice su padre al entrar en casa. Se sienta en la cama a medio hacer de su hija, apartando una pila de ropa.

—Cuando miro esta habitación —le dice en voz baja— no veo sólo un montón de desorden, sino el montón de mentiras que me has dicho.

—¡Yo no te he dicho ninguna mentira! —protesta Brianna—. Y he ordenado un poco la habitación.

—¿Me estás diciendo que sólo me has mentido un poquito y que no pasa nada por hacerlo?

Brianna mira hacia otra parte.

—Papá, ¿crees que podríamos volver a empezar el día? —le pregunta—. Quiero decir que lo siento de verdad, no pienso mentirte más.

—¡Ven aquí, hija! —exclama su padre rodeándola con los brazos—. Te perdono. Pero esta semana no jugarás a baloncesto.

Justo en aquel momento se oye un gran estruendo dentro del armario de Brianna.

—¡Qué ruido más desagradable! —observa Brianna esbozando una tímida sonrisita.

—¡Igual que las mentiras! —exclama su padre levantándose—. Me alegra saber que no voy a oír más esta clase de ruido.

La responsabilidad

Cómo aplicarla: Tus padres te dicen que es importante ser responsable de tu propia conducta.

Relato de Erik —¡Súbete a la bicicleta, David! —le grita Erik a su hermano de cinco años—. ¡Spencer quiere venir a casa con nosotros para ver el trofeo que me dieron en el partido de fútbol!

Erik y Spencer empiezan a avanzar por la acera con sus bicicletas, pero David no se mueve.

—¡Quiero ir al parque! —grita haciendo un mohín.

—¡Venga, David, ya es hora de irnos!

—Pues mi reloj dice que aún podemos quedarnos un poco más.

—¡Si ni siquiera tienes reloj! —le recuerda Erik a su hermano pequeño. Spencer pone los ojos en blanco y suelta una risita.

—¡No te rías! —le grita David quitándose el casco y arrojándolo al suelo.

—¡David, te estás comportando como un niño pequeño! —exclama Erik furioso—. Hoy te he dejado venir conmigo porque me has prometido que te portarías bien.

—¡Y me estoy portando bien! ¡Y además tú no me mandas! —le suelta su hermano.

—Cuando te llevo en bicicleta soy yo el que manda. ¡Si tú aún necesitas las dos ruedecitas extras de la bici para mantener el equilibrio!

—¡No puedes irte sin mí! —exclama David desconcertado.

—¿Por qué no? —le responde Erik con una sonrisita—. ¿No me acabas de decir que no soy yo el que manda?

—¡Vale, pues vete, ya me las apañaré sin ti! —le suelta David sentándose en el césped junto a la acera.

—¡Tú lo has querido! Venga, Spencer, vámonos —le dice Erik a su amigo dejando a su hermano pequeño.

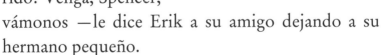

Erik está aprendiendo la virtud de _la responsabilidad_.

Piensa en tu propia vida. ¿Te han hablado tus padres u otro adulto de tu familia sobre lo importante que es ser responsable? ¿Sabes que tú eres responsable de lo que haces y dices? ¿Admites tus errores e intentas corregirlos?

> **¡Hechos!**
>
> Los niños con la virtud de *la responsabilidad*:
>
> ✔ se comportan mejor en el colegio
>
> ✔ se relacionan mejor con los demás
>
> ✔ tienen una mejor imagen de sí mismos

Si respondes con un **SÍ,** sigue leyendo para aprender a fortalecer aún más esta virtud en ti.

Si respondes con un **NO,** sigue leyendo para aprender cómo incluir esta virtud en tu vida.

También puedes usar estas ideas para ayudar a los demás a incluirla en su vida, como tus amigos, los miembros de tu familia, los vecinos y los compañeros del colegio.

EN CASA

Haz una lista. Tener responsabilidades es señal de que te estás haciendo mayor y aprendiendo a realizar más actividades en tu vida. Escribe una lista de tus responsabilidades en un papel para ver cuáles son. Si tienes muchas, quizá necesites dividir la lista en grupos, como *colegio, tareas, deportes, clases* y otras actividades parecidas.

Ejemplos: en el grupo de las *clases,* tus responsabilidades pueden ser (1) ir a las clases (sin saltártelas) y (2) practicar lo que aprendes en ellas varias veces durante la semana. En cuanto a los *deportes,* seguramente tus responsabilidades son: (1) practicarlos, (2) ir a los entrenamientos, (3) ser puntual y (4) llevar el equipo.

Siéntete orgulloso de ti mismo. Cuando contemples la lista, tal vez te sorprendas de todo lo que tienes que hacer. Dibuja unas estrellitas junto a las responsabilidades que estés haciendo bien (es una forma de decirte: «¡Muy bien!»). Entonces mira el resto de la lista. ¿Hay alguna responsabilidad que puedas hacer mejor? Elije una y ponte como meta prestarle más atención esta semana.

CONSEJO: Al final de la semana, si has alcanzado la meta que te habías fijado, ponte otra estrella.

Pregúntate si lo estás haciendo bien. Piensa en tu comportamiento en casa. ¿Cómo es? ¿Muy bueno? ¿Regular? ¿Muy malo? Las señales de que te estás comportando bien pueden ser: tener más derechos, menos peleas y más privilegios. Tus padres confían en que tomas unas buenas decisiones, sigues las reglas y haces lo correcto, en otras palabras, creen que actúas de forma responsable. Las señales de que no te estás comportando demasiado bien pueden ser... probablemente ya las conoces: más peleas, menos privilegios y más consecuencias.

7 GRANDES MANERAS DE DEMOSTRAR QUE ERES RESPONSABLE

1. Cuando hagas una promesa, cúmplela.

2. ¿Tienes tareas por hacer? Hazlas ahora o tan pronto como puedas. No las dejes para más tarde, ni esperes a que te lo recuerden.

3. Sé responsable de tus palabras y acciones. No digas: «¡Ella me obligó a hacerlo!» o «¡Ha sido por tu culpa!» o «¡No he podido evitarlo!».

4. Cuando tengas alguna duda, aclárala. ¿No estás seguro de lo que se espera de ti? Pregúntaselo a alguien que lo sepa.

5. Ofrécete para aceptar más responsabilidades a medida que te hagas mayor.

6. Si no cumples con alguna de tus responsabilidades, admítelo. No te inventes excusas ni le eches la culpa a nadie.

7. Si estás en casa de un amigo y vas a volver tarde, coge el teléfono y llama a tus padres.

Esfuérzate un poco más. Habla con un adulto de tu familia para que te sugiera algunos cambios positivos. Quizá desees tratar algún problema en concreto. *Ejemplo:* tal vez al volver del cole estás un poco malhumorado y levantas la voz a tu familia. Piensa en por qué actúas de esta forma. ¿Estás de mala uva porque el trayecto en autobús se te hace pesado? ¿Estás preocupado por los deberes? En cuanto hayas visto por qué estás de mal humor, piensa cómo puedes relajarte. Quizás al llegar a casa necesites hacer un poco de ejercicio para sacar la energía. O a lo mejor podrías quedarte media hora en un lugar tranquilo para relajarte. Comprométete a actuar de distinta forma y averigua si tu comportamiento mejora. Lo más probable es que así sea.

EN EL COLEGIO

★ Los alumnos que se inventan excusas o echan la culpa a otros hacen volverse tarumbas a los profesores. Sé un alumno responsable haciendo los deberes y las tareas que te asignan. No le digas al profesor que tu perro se ha comido la cartilla de las notas o que has llegado tarde a clase por culpa de tu padre: inventarte excusas y culpar a los demás es engañar. Aprende más cosas sobre la sinceridad consultando las páginas 56-66.

★ Utiliza una agenda o haz una lista de las tareas escolares. Esta clase de sencillas herramientas te ayudan a ser más responsable.

★ Pregunta a tu profesor de qué otras formas puedes ser más responsable en clase. Pídele algunas sugerencias para ser responsable de lo que dices y lo que haces.

EN TU BARRIO

★ Como vives en él, ayuda a tus vecinos a hacer que vuestro barrio sea un lugar mejor. Acepta la responsabilidad de recoger la basura que esté alrededor de la papelera, o si ves grafitos o vidrios rotos en el parque, díselo a un adulto. Así tu barrio estará más limpio y será un lugar más seguro para todos.

★ Seguir las reglas es una forma excelente de demostrar que eres responsable. *Ejemplos:* si hay un letrero que dice: «Prohibido pisar el césped», ve a otra parte a jugar con la pelota. Si quieres desprenderte de un envoltorio de chicle o de una botella de refresco vacía, espera hasta encontrar una papelera en vez de echarlo al suelo. Ponte el casco cuando vayas en bicicleta o en patines. ¡Creo que ya es suficiente!

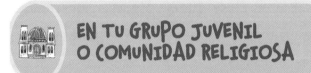

EN TU GRUPO JUVENIL O COMUNIDAD RELIGIOSA

★ Ofrécete como voluntario para ayudar antes o después de las reuniones de tu grupo (asegúrate de que los adultos que vayan a llevarte y a recogerte estén dispuestos a hacerlo a esa hora). Quizá puedas colaborar en la limpieza o ayudar al profesor a preparar las clases. O podrías ofrecerte para supervisar las actividades de los niños pequeños o echar una mano a una persona mayor o discapacitada que necesite ayuda para ponerse de pie o caminar.

CON TUS AMIGOS

★ Respeta las responsabilidades de los demás. *Ejemplos:* si sabes que tu mejor amiga tiene que hacer los deberes cada sábado antes de salir a jugar, espera hasta que los termine. Si a ti te dan una paga por hacer los deberes y a ella no, no se lo restriegues por las narices. Si tu amigo se ocupa de su hermanita después del colegio, no le hagas sentir mal diciéndole que no va a poder salir a jugar (quizá puedas ayudarle a cuidar de ella de vez en cuando).

★ ¿Te han dado tus padres una tarea muy pesada y difícil? Pídele a un amigo que te ayude y dile que tú le harás otro favor a cambio. Limpiar el jardín no es una actividad demasiado divertida, que digamos, pero si lo hacéis tú y tu amigo escuchando música, con un descanso en medio para tomaros una limonada, y habláis de vuestro libro favorito de Harry Potter, ¡os lo pasaréis mucho mejor!

¡Suma y sigue!

Elige al menos UNA idea de las que has leído en el libro e intenta llevarla a cabo. Luego piensa sobre ella o escribe lo que te ha ocurrido al ponerla en práctica. ¿Probarás otra idea para comportarte mejor y ser más responsable en cuanto a lo que dices y haces?

Sigue
el Relato
De Erik

—¡Mamá, Spencer ha venido a ver mi trofeo! —grita Erik al llegar frente a la puerta de su casa.

—¡Qué bien! —le responde su madre desde la cocina—. Dile a tu hermano que venga a cenar.

—Ahora mismo vengo, Spencer. Si quieres, puedes subir a mi habitación para ver el trofeo. Está en el estante.

Erik va a la cocina donde su madre está preparando la cena.

—David no ha querido volver con nosotros —le anuncia Erik.

—¡¿Qué?! —grita su madre.

—Le he dicho que viniera conmigo, pero no ha querido.

—¿Dónde está? —exclama su madre volviéndose preocupada.

—A varias manzanas de aquí —responde Erik.

—¡Erik! Tu hermano aún va a parvulario. ¡No puedes dejarlo solo en la acera o en la calle! Llama a Spencer. Vamos a buscar a David.

—¿Hacia qué dirección tenemos que ir? —le pregunta ansiosa su madre en cuanto salen de casa.

—¡Por aquí! —le señala Erik. Echan todos a correr.

«¿Y si David se ha perdido o le ha pasado algo y no podemos encontrarlo? Será por mi culpa», piensa de pronto Erik empezando a preocuparse.

—¡Allí está! —grita su madre aliviada. Erik también se siente mucho mejor. Pero de pronto se le revuelve el estómago. Se pregunta si se ha metido en un buen lío.

—¡Me han dejado solo! —se queja David al ver a su madre. Ella le abraza.

—¡Tienes doce años! —le grita su madre a Erik con una expresión seria—. Te pedí que cuidaras de tu hermano pequeño. David está bien, pero seguramente se ha llevado un buen susto y podía haberse hecho daño.

—Mamá —empieza Erik a explicarle—, David no quiso venir con... —pero de pronto se calla al ver la expresión tensa de su madre y los ojos llenos de lágrimas de su hermanito—. ¡Oh, no! He metido la pata, ¿verdad? —admite—. No debí dejarlo solo, es que tenía tantas ganas de enseñarle el trofeo a Spencer, pero sé que lo que he hecho está muy mal —hace una pausa—. Lo siento mucho, os pido perdón a los dos —añade.

una vida Sana

RELATO DE Zoe

—Mmm... ¿estás segura de que debemos hacerlo? —le pregunta Zoe a su amiga Mandy.

—Sí, venga, no seas miedica —le responde Mandy entregándole el cigarrillo, y Zoe lo coge, aunque tenga muchas dudas sobre si debe fumar.

—¿De dónde lo has sacado?

—De la familia para la que trabajo de canguro a veces. Se dejan los paquetes de cigarrillos por todas partes. No se darán cuenta de que les he cogido uno.

«Genial, no sólo nos meteremos en un problema por fumar sino también por robar», piensa Zoe.

—Vale —dice Mandy pasando las páginas de una revista de moda ante ella. Al encontrar un anuncio de cigarrillos señala la mano de la

modelo que está fumando—. ¿Te has fijado con qué elegancia sostiene el cigarrillo? ¡Vamos a imitarla!

Zoe sostiene el cigarrillo entre los dedos, intentando parecer una fumadora experimentada.

—¿Lo hago bien? —le pregunta a su amiga formando un ángulo con la mano e intentando adoptar una pose sofisticada.

—Supongo que sí. Voy a encendértelo —le responde Mandy tocando con la llama del encendedor la punta del cigarrillo de Zoe.

No ocurre nada.

Zoe se siente aliviada por el momento.

—No se ha encendido.

—Inténtalo de nuevo —le responde Mandy—. Esta vez aspira con mucha fuerza.

Zoe mira a Mandy queriéndole decir que se olvide de la estúpida idea. Pero de algún modo las palabras no le salen de la boca.

Zoe piensa en sus padres y en las advertencias que le han hecho sobre el tabaco, las drogas y el alcohol. «¿Y si mis padres se enteran?», piensa, pero luego se preocupa por lo que Mandy pensará si ella se niega a fumar. ¿Se reirá de ella? ¿Se lo dirá a los compañeros del colegio y se burlarán apodándola Zoe la Gallina?

> **Zoe está teniendo problemas con la virtud de llevar *un estilo de vida sano.***

Piensa en tu propia vida. ¿Tienes unos hábitos sanos? Y tu familia, ¿los tiene? ¿Cuidas de tu cuerpo y evitas consumir sustancias perjudiciales? ¿Te ha advertido algún miembro de tu familia de lo que es peligroso para tu salud? ¿Se sienten cómodos los adultos de tu familia hablando contigo de sexo?

¡Hechos!

Los niños con la virtud de llevar *un estilo de vida sano*:

✔ rinden más en el colegio

✔ comen más frutas y verduras

✔ son menos agresivos

Si respondes con un **SÍ,** sigue leyendo para aprender a fortalecer aún más esta virtud en ti.

Si respondes con un **NO,** sigue leyendo para aprender cómo incluir esta virtud en tu vida.

También puedes usar estas ideas para ayudar a los demás a incluirla en su vida, como tus amigos, los miembros de tu familia, los vecinos y los compañeros del colegio.

EN CASA

Usa los pies. ¡Para esto los tienes! Los seres humanos estamos hechos para andar, pero la mayoría no lo hacemos lo suficiente. ¿Y tu familia? ¿Hacéis ejercicio juntos? ¿Salís a pasear por el barrio? ¿Hacéis largas excursiones los fines de semana? ¿O subís por las escaleras cuando vais al centro comercial en lugar de usar las escaleras mecánicas o el ascensor? Cada una de estas actividades aumenta la cantidad de pasos que tú y tu familia dais al día, y esto significa que estaréis más sanos. Los expertos sugieren que lo ideal es dar 10.000 pasos al día (¡son un montón!). Si tu padre o tu madre son unos teleadictos o dicen a menudo: «No tengo tiempo para hacer ejercicio», puedes recordarles que es importante ser activo.

Fíjate como reto estar más sano. Haz ejercicio, sigue una dieta saludable, cuida de tu cuerpo... probablemente ya has oído todo esto antes. Pues es un buen consejo. Cuando cuidas de tu cuerpo te sientes mejor (es un valor positivo que puedes poner en práctica toda tu vida). Una forma de inspirarte es buscar en tu familia un modelo de vida sana, alguien que te inspire a llevar un estilo de vida saludable. Quizá tengas un primo que es un gran jugador de hockey, o a lo mejor tu abuela es aún lo bastante activa como para jugar contigo a fútbol en el jardín. Habla con esta persona sobre cómo puedes estar sano y mantenerte en forma.

Un mensaje para ti:

Para algunos niños su casa no es un lugar demasiado sano en el que estar. Quizá los adultos de tu familia fuman, consumen drogas o beben mucho alcohol. A lo mejor no comen alimentos saludables, tienen sobrepeso o apenas hacen ejercicio nunca. Si tu hogar te parece un lugar poco sano o infeliz, intenta pasar el máximo tiempo posible en lugares positivos. Busca adultos en los que puedas confiar y pídeles que te ayuden. Ejemplos: apúntate a actividades extraescolares o programas de la comunidad para niños, sobre todo a los que incluyen deportes o juegos al aire libre. Frecuenta las casas de amigos tuyos donde la gente respete su cuerpo y tome unas buenas decisiones sobre su salud. Intenta conocer a algún vecino que sea un buen modelo en lo que respecta a un estilo de vida sano.

No te dejes tentar. Cuidar de ti incluye evitar actividades perjudiciales como fumar o probar el alcohol u otras drogas. Ahora que te estás haciendo mayor, otros niños o adolescentes quizá te presionen para que pruebes sustancias poco sanas (o tal vez sientes curiosidad por el efecto que producen). Probablemente ya sabes que la ley prohíbe que los menores las consuman. Pero, ¿sabías que son muy peligrosas para la salud? ¡Tu salud es lo más valioso que tienes! (junto con tu familia). Y hablando de tu familia, ella puede serte de gran ayuda. Si, por ejemplo, alguien te presiona para que fumes o si deseas probar un cigarrillo para ver qué sensación te produce, habla de ello con un adulto de tu familia en quien confíes. *Ejemplo:* «Tío Eduardo, he oído que otros niños de mi edad han probado un cigarrillo. A veces pienso que soy el único que no lo ha hecho. ¿Qué debo hacer?». *Ejemplo extremo:* «Mamá, he de decirte algo, pero creo que te vas a enfadar conmigo si te lo digo. Cuando me quedé en casa de Roberto bebí un poco de cerveza para probarla. Me sabe muy mal haberlo hecho, lo siento. Me gustaría hablar de ello». Recurrir a un adulto de confianza te ayuda a llevar un estilo de vida saludable.

Ten cuidado con los programas que ves por la tele. La próxima vez que mires un programa infantil, cuenta los anuncios que ves de comida basura como patatas fritas, cereales con azúcar, galletas, comida rápida, bebidas gaseosas,

caramelos y otros productos similares. Presta atención sobre todo a los anuncios de los alimentos que te parecen apetitosos, aunque no sean sanos. Ya sabes a lo que me refiero, por ejemplo, el yogur azucarado, los zumos artificiales de frutas, los cereales recubiertos de azúcar y la comida precocinada a base de carne y queso con un alto contenido en grasa. A menudo los anuncios afirman que esta comida es muy práctica para «llevar al cole» o como «parte de un menú equilibrado». Intenta reducir esta clase de alimentos. A lo mejor hasta decides apagar la tele para no tener que ver estos anuncios.

Disfruta siendo un niño. ¿Piensas mucho en el futuro, en los días en que serás un adolescente o un adulto? Seguramente crees que entonces podrás hacer todas aquellas actividades tan guays que tus padres ahora no te permiten hacer (como conducir, ponerte la ropa que quieras, tener más dinero para gastar y tomar tus propias decisiones). Y a veces puede ser tentador intentar llegar a este punto más deprisa, quizá vistiendo como un chico mayor o intentando actuar como un adulto. Este deseo de querer ser un adulto quizá te confunda. ¡Pero debes saber que es fabuloso ser un niño! No te sientas presionado a crecer demasiado deprisa. Sigue leyendo libros ilustrados, cantando cuando tengas ganas, haciendo tonterías y jugando con tus hermanos pequeños. Sueña despierto. Contempla las nubes deslizándose por el cielo. Disfruta de cada momento de tu infancia.

Haz preguntas. Los cambios físicos, los enamoramientos, el s-e-x-o... tienes un montón de preguntas sobre estos temas. Y es normal sentir que son demasiado raras o embarazosas como para hacerlas. Pero en realidad no hay ninguna pregunta tonta. ¿Y cómo vas a saber las respuestas si no las haces? Decide hoy hacerle al adulto de tu familia en quien más confíes la pregunta más embarazosa para ti. Haz acopio de valor y di: «Me gustaría hacerte una pregunta. ¿Puedo?». En cuanto lo hagas, te resultará más fácil hacerle otra pregunta la próxima vez.

¡Oh, qué asco!

¿Se besan tus padres delante de ti? ¿Se cogen de la mano cuando estáis en un lugar público, como en un restaurante o en el centro comercial? ¿Se dicen a menudo «te quiero»?

Si puedes responder con un **SÍ** a una o más de estas preguntas, eres muy afortunado.

Quizás al ver a tus padres besándose te digas: «¡Qué asco!». Pero piensa en ello: estas Manifestaciones Públicas de Afecto (MPA) muestran que tus padres se quieren. Y aunque te hagan sentir un poco incómodo (sobre todo en público), estás aprendiendo algo importante sobre las relaciones sanas entre adultos. Al cabo de varios años quizá pienses que has tenido mucha suerte al haber crecido con unos padres que se querían tanto. Esta clase de modelo de conducta te enseña a ser una persona más cariñosa y afectuosa.

Nota: Si tus padres no encajan en este perfil, puedes aprender cómo son las relaciones sanas de otros adultos en los que confíes, como tu madrastra o tu padrastro, tus padres adoptivos, la familia de tu hogar de acogida, tus abuelos o tus tías y tíos.

EN EL COLEGIO

★ En otros tiempos, en los colegios había recreo y clases de gimnasia (pregúntaselo a tus padres o a tus abuelos). Si en tu colegio también los hay, no te quejes. La actividad física es ideal para liberar la energía acumulada, desarrollar los músculos y hacer trabajar el cerebro, y todas estas cosas las necesitas cada día.

P. D. Practica estas actividades físicas con ganas. En el recreo no te limites a hablar ni hagas trampas al hacer flexiones en la clase de educación física. ¡Sudar un poco es bueno para la salud!

★ Si no formas parte de un equipo deportivo, únete a uno. O prueba algún otro deporte aparte del que practicas. ¡Quizá necesites un nuevo reto!

★ Haz todo lo posible por comer un almuerzo sano en el colegio. Si te llevas la comida de casa cada día, intenta incluir al menos una fruta o una verdura (una zanahoria, una manzana o uvas). Si compras el almuerzo, procura que sea sano.

Bebe agua o leche en lugar de refrescos. Y sobre todo evita saltarte el almuerzo, porque te aporta la energía necesaria para funcionar durante el día.

EN TU BARRIO

★ Da largos paseos, recuerda que lo ideal es dar unos 10.000 pasos al día. Saca a pasear a tu perro más de una vez al día (si no tienes perro, ofrécete para sacar al de tu vecino). Sal a dar un paseo por la tarde con tu familia varias veces a la semana.

★ Quizá veas a algunos niños y adolescentes de tu barrio fumando cigarrillos. A lo mejor han intentado convencerte para que hagas lo mismo. Tal vez te cueste no dejarte presionar por ellos, pero te resultará más fácil hacerlo si sabes por qué no debes consumir estas sustancias. La razón es muy sencilla: porque aprecias tu cuerpo, tu mente y tu salud.

> **CONSEJO:** ¿Qué puedes decir cuando alguien te presiona? Intenta responder: «No», «No, gracias», «De ningún modo», «¡Oh, no!», «¡Olvídate de ello!», «No me interesa», «No pienso hacerlo» o «Mis padres no me dejarían salir más en toda mi vida», y luego aléjate del lugar.

★ Aprende lo que tu entorno te enseña sobre el consumo del alcohol y las drogas, y sobre la sexualidad. Quizá te sientas cómodo hablando de estos temas con los adultos de tu familia o a lo mejor prefieres hacerlo con tu monitor o tu maestro. Haz preguntas. Recibe el apoyo y la información que necesitas para mantenerte sano.

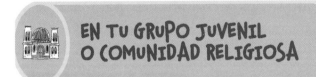

EN TU GRUPO JUVENIL O COMUNIDAD RELIGIOSA

★ Habla con tu monitor para que os sugiera en la clase hacer la promesa de cuidar de vuestra salud y evitar comportaros de manera peligrosa. Quizá desees escribirla en una tarjeta y llevarla en el bolsillo o en la mochila. La tarjeta te recordará la promesa que te has hecho.

CON TUS AMIGOS

★ Cuando te reúnas con tus amigos, salid al aire libre, id a pasear por el parque o practicad algún deporte. Si no tenéis una bicicleta o patines, ¿por qué no jugáis a pimpón? ¿O con una pelota? Y si no tenéis ninguna de estas cosas, jugad a correr, a hacer volteretas y a perseguiros los unos a los otros. ¡Lo importante es mover el esqueleto!

★ Di a tus amigos que te has prometido cuidar de tu cuerpo. Si te presionan para que hagas algo malo para la salud, como fumar, imponerte una dieta demasiado estricta o experimentar con las drogas o el sexo, ten en cuenta que no tienes por qué hacerles caso.

★ Juega con tus amigos a decir «no». Así, cuando alguien te presione a hacer algo, sabrás qué contestarle. Practica esta palabra una y otra vez para aprender a pronunciarla sin reírte y con seguridad.

¡Suma y sigue!

Elige al menos UNA idea de las que has leído en el libro e intenta llevarla a cabo. Luego piensa sobre ella o escribe lo que te ha ocurrido al ponerla en práctica. ¿Probarás otra forma de tener unos hábitos saludables y de mantenerte fiel a tus valores?

Sigue el Relato de Zoe

Zoe se pregunta qué es peor, que sus padres la riñan (si se enteran de que ha fumado) o que su amiga se ría de ella (si se niega a encender el cigarrillo). «Quizá mamá y papá nunca se enteren de que he fumado —piensa—, pero si me niego a hacerlo, Mandy seguro que se burlará de mí.»

—De acuerdo, estoy lista —decide Zoe sosteniendo el cigarrillo entre los labios.

—Genial —le responde Mandy sonriéndole. Al encender su amiga el cigarrillo, Zoe le da una profunda calada, pero de pronto siente como si la garganta le ardiera y se pone a toser y a toser, ahogándose. Está rodeada de humo. Arroja rápidamente el cigarrillo al suelo. Los ojos le escuecen. Intenta respirar durante unos momentos.

A Mandy le da un ataque de risa.

—¡Tenías que haber visto la cara que has puesto! En lugar de fumar como la modelo de la revista, parecía como... si acabaras de comer algo horrible en la cafetería —exclama Mandy.

—Te crees muy graciosa, ¿verdad? —le suelta Zoe.

—¿Qué? —le contesta Mandy haciéndose la mosquita muerta—. ¿Es que no te puedo hacer una broma? —añade poniéndose en pie y limpiándose los tejanos.

—¿Una broma? Para que te enteres, yo no quería fumar. Si es tan guay hacerlo, ¿por qué no has fumado tú? ¡Y cuando me ahogaba te has comportado como si fuera la escena más divertida que has visto en toda tu vida!

—Nadie te ha obligado a fumar. Has sido tú la que has decidido hacerlo —le suelta su amiga sin alterarse.

Zoe mira a su amiga y siente que está a punto de echarse a llorar. Descubre que no está enfadada sólo con ella, sino también consigo misma.

—Me voy a casa, Mandy. Y para que lo sepas, pienso decirles a mis padres que he fumado.

—¡Ni se te ocurra!

—Pues voy a hacerlo, porque se merecen saberlo —le responde Zoe dirigiéndose a su casa.

—¡Espera! —le grita Mandy al cabo de unos momentos corriendo hacia ella.

—¡Lo siento, he sido una idiota! —exclama su amiga.

—Sí, es verdad, las dos lo hemos sido, e intentar fumar ha sido una estupidez. Venga, volvamos a casa —le contesta Zoe.

NOTA PARA LOS ADULTOS

Las investigaciones actuales del Search Institute, una organización sin ánimo de lucro ubicada en Minneapolis (Estados Unidos), revela que los jóvenes que triunfan en la vida tienen unas cualidades en su vida **que fomentan el desarrollo interior,** como el apoyo familiar, un barrio que se preocupa por ellos, integridad, resistencia, autoestima y un propósito en la vida. Este libro ayuda a los niños de 8 a 12 años a desarrollar sus valores.

Pero es esencial reconocer que son sobre todo los adultos los que deben ayudarles a desarrollar estos valores. Lo que más necesitan en su vida son unos adultos que se preocupen por ellos, como los padres y otros familiares, los profesores, los directores de los colegios, los vecinos, los monitores juveniles, los guías religiosos, los miembros de la comunidad, los políticos, los abogados, etcétera. Necesitan unos adultos que se preocupen por ellos lo suficiente como para aprender sus nombres, interesarse por sus vidas, escucharles cuando hablan, ofrecerles las oportunidades necesarias para manifestar todo su potencial, enseñarles adecuadamente, darles unos consejos sensatos, apoyarles cuando tengan problemas y protegerles de cualquier daño tanto como sea humanamente posible en los tiempos actuales.

Este libro describe seis de las 40 categorías para el desarrollo interior reconocidas por el Search Institute. Incluyen virtudes, valores, habilidades y percepciones de ellos mismos que los niños desarrollan interiormente gracias a tu ayuda. Las cualidades interiores aquí descritas se denominan virtudes. Se trata de adquirir unas creencias y convicciones que guíen las decisiones y la conducta de los niños a lo largo de la vida. Aunque las cualidades de todas las categorías favorezcan el desarrollo del carácter, estas seis son en especial las «cualidades del carácter», porque determinan la clase de adulto en la que el niño se convertirá un día.

El papel que los adultos (sobre todo los padres) desempeñan al fomentar las seis virtudes en los niños de 8 a 12 años se recalca al definirlas con estas palabras: «Tus padres te dicen que es importante...». A esta edad los valores de los niños aún se están desarrollando. Su conducta puede cambiar de un día para otro, o de una situación a otra, por eso no consideramos que «tengan» unos valores, al menos no aún. De ahí que la mayor parte de lo que tus hijos crean sobre la sinceridad, la igualdad y la justicia social, la integridad, la responsabilidad, la bondad y un estilo de vida sano procederá de ti. Tus palabras y acciones son las que crean la base de su carácter.

A continuación encontrarás una lista de las 40 categorías para el desarrollo interior dirigidas a niños de 8 a 12 años. Si deseas conocer más a fondo estas categorías, puedes visitar la página web del Search Institute en *www.search-institute.org.*

Es de agradecer que te preocupes lo suficiente por tus hijos como para ofrecerles este libro. Nos encantará conocer las historias de los logros que alcances en este sentido, y cualquier sugerencia que nos hagas sobre una nueva cualidad para incluir en la vida de los niños o para mejorar las futuras ediciones de este libro será bienvenida.

Pamela Espeland y Elizabeth Verdick
Free Spirit Publishing Inc.
217 Fifth Avenue North, Suite 200
Minneapolis, MN 55401-1299
help4kids@freespirit.com

40 categorías del desarrollo interior dirigidas a niños de 8 a 12 años

APOYO

1. **Apoyo familiar** – La vida familiar proporciona mucho amor y apoyo.

2. **Una comunicación familiar positiva** – Los padres y los hijos se comunican positivamente. Los hijos piden consejo y ayuda a sus padres de manera natural.

3. **Otras relaciones con adultos** – Aparte de los padres, los niños también reciben apoyo de otros adultos.

4. **Un buen vecindario** – Los niños gozan del apoyo de los vecinos.

5. **Un buen ambiente escolar** – Las buenas relaciones que los niños mantienen con los profesores y los compañeros hacen que se sientan seguros y fomentan su rendimiento escolar.

6. **Unos padres que se interesan por los estudios de sus hijos** – Los padres ayudan activamente a sus hijos a rendir en el colegio.

UN AMBIENTE ENRIQUECEDOR

7. **La comunidad aprecia a los niños** – Los niños se sienten valorados y apreciados por los adultos de la comunidad.

8. **Los niños son tenidos en cuenta** – Los niños se tienen en cuenta en las decisiones que se toman en casa y en la comunidad.

9. **El servicio a los demás** – Los niños tienen oportunidades de ayudar a los demás en la comunidad.

10. **Seguridad** – Los niños se sienten seguros en casa, en el colegio y en el barrio.

UNOS LÍMITES Y EXPECTATIVAS

11. Límites familiares – La familia tiene unas reglas claras y coherentes, premia o castiga la conducta de los niños y controla siempre su paradero.

12. Límites escolares – El colegio fija unas reglas claras y no cumplirlas tiene sus consecuencias.

13. Límites del barrio – Los vecinos controlan la conducta de los niños del barrio.

14. Modelos de conducta – Los padres y otros adultos de la familia, y también los que no pertenecen a ella, son un modelo de conducta positiva y responsable para los niños.

15. Los niños reciben una influencia positiva de sus amigos – Los amigos íntimos de los niños también son unos modelos de conducta positiva y responsable.

16. Unas grandes expectativas – Los padres y los profesores esperan que los niños rindan el máximo en el colegio y en otras actividades.

UN USO CONSTRUCTIVO DEL TIEMPO

17. Actividades creativas – Los niños participan en actividades musicales, artísticas, teatrales o de escritura creativa dos o más veces a la semana.

18. Programas infantiles – Los niños participan dos o más veces a la semana en las actividades extraescolares o en los programas infantiles organizados por la comunidad.

19. Comunidad religiosa – Los niños asisten a los programas o los servicios religiosos una o más veces a la semana.

20. Un tiempo de calidad en casa – Los niños pasan a diario un tiempo de calidad en casa relacionándose con sus padres y haciendo otras actividades aparte de mirar la tele o jugar con videojuegos.

CUALIDADES INTERIORES

COMPROMETERSE A APRENDER

21. Motivación – Los niños están motivados e intentan rendir en el colegio.

22. Deseo de aprender – En el colegio los niños son responsables, están atentos, desean aprender y disfrutan participando en actividades didácticas extraescolares.

23. Deberes – Los niños en general entregan los deberes a tiempo.

24. En el colegio mantienen una buena relación con los adultos – Los niños se preocupan por los profesores y por otros adultos del colegio.

25. Leer por placer – Los niños disfrutan leyendo y suelen hacerlo la mayor parte de los días de la semana.

VIRTUDES

26. Bondad – Los padres dicen a sus hijos que es importante ayudar a los demás.

27. Igualdad y justicia social – Los padres dicen a sus hijos que es importante luchar para que todo el mundo tenga los mismos derechos.

28. Integridad – Los padres dicen a sus hijos que es importante defender aquello en lo que uno cree.

29. Sinceridad – Los padres dicen a sus hijos que es importante ser sincero.

30. Responsabilidad – Los padres dicen a sus hijos que es importante ser responsable de la propia conducta.

31. Un estilo de vida sano – Los padres dicen a sus hijos que es importante llevar un estilo de vida saludable y comprender lo que es una sexualidad sana.

EFICACIA SOCIAL

32. Saber planear y tomar decisiones – Los niños piensan antes de tomar una decisión y se sienten satisfechos con los resultados una vez la han tomado.

33. Capacidad interpersonal – Los niños se preocupan por los demás y los sentimientos de la gente les afectan, disfrutan haciendo amistades, y cuando se sienten frustrados o enojados procuran tranquilizarse.

34. Capacidad cultural – Los niños saben que hay personas de distintas razas, orígenes étnicos y culturales, y se sienten cómodos con ellas o con su propia identidad cultural.

35. Fuerza interior – Los niños son capaces de mantenerse alejados de las personas que tienden a crearles problemas y de negarse a hacer algo malo o peligroso.

36. Una actitud pacífica – Los niños procuran resolver los conflictos de manera pacífica.

UNA IDENTIDAD POSITIVA

37. Poder personal – Los niños sienten que controlan en parte lo que les ocurre en la vida.

38. Autoestima – Los niños se sienten satisfechos y orgullosos de la persona que son.

39. Un propósito en la vida – Los niños piensan a veces en el sentido de la vida y en si tienen un objetivo que alcanzar en ella.

40. Una visión positiva del futuro – Los niños son optimistas sobre su futuro.

Índice analítico

Sobre las autoras

Tanto Pamela Espeland como Elizabeth Verdick han escrito muchos libros para niños y adolescentes.

Pamela es coautora (con Peter L. Benson y Judy Galbraith) de *What Kids Need to Succeed* y *What Teens Need to Succeed*, y autora de *Succeed Every Day;* todas estas obras se basan en el concepto de las 40 categorías del desarrollo interior del Search Institute. Es también autora de *Life Lists for Teens* y coautora (con Gershen Kaufman y Lev Raphael) de *Stick Up for Yourself!*

Elizabeth es escritora de libros infantiles y editora. Es autora de *Germs Are Not for Sharing, Tails Are Not for Pulling, Teeth Are Not for Biting, Words Are Not for Hurting* y *Feet Are Not for Kicking,* y coautora (con Marjorie Lisovskis) de *How to Take the GRRRR Out of Anger* y (con Trevor Romain) de *Stress Can Really Get on Your Nerves* y *True or False? Tests Stink!*

Pamela y Elizabeth trabajaron juntas por primera vez en *Making Every Day Count.* Viven en Minnesota con sus familias y sus mascotas.

aprende a estudiar

Este libro está lleno
de ideas para ordenar
el pupitre y el armario
del colegio y otros
batiburrillos de cuidado
como tu mochila

Janet S. Fox

...Con ilustraciones *supermolonas*

ONIRO

el niño y su mundo

Boglarka Hadinger

aprender a vivir

Reforzar la autoestima y la personalidad
de niños y adolescentes

ONIRO